古今交通

王渝生　主编

中国大百科全书出版社

图书在版编目（CIP）数据

古今交通 / 王渝生主编 . -- 北京 ： 中国大百科全
书出版社， 2025. 1. -- ISBN 978-7-5202-1766-8

Ⅰ . F512.9-49

中国国家版本馆 CIP 数据核字第 2025PA6875 号

出 版 人：刘祚臣
责任编辑：黄佳辉
责任校对：张恒丽
责任印制：李宝丰
出　　　版：中国大百科全书出版社
地　　　址：北京市西城区阜成门北大街 17 号
网　　　址：http://www.ecph.com.cn
电　　　话：010-88390718
图文制作：北京杰瑞腾达科技发展有限公司
印　　　刷：唐山富达印务有限公司
字　　　数：100 千字
印　　　张：8
开　　　本：710 毫米 ×1000 毫米　　1/16
版　　　次：2025 年 1 月第 1 版
印　　　次：2025 年 1 月第 1 次印刷
书　　　号：978-7-5202-1766-8
定　　　价：48.00 元

编委会

主　编：王渝生

编　委：（按姓氏音序排列）

程忆涵　　杜晓冉　　胡春玲　　黄佳辉

刘敬微　　王　宇　　余　会　　张恒丽

第一章 跨越障碍 天堑通途——桥梁

第二章 四通八达 纵横交错——铁路

第五章 人流穿梭 冲上云霄——机场

第一章

跨越障碍 天堑通途——桥梁

程阳风雨桥

风雨桥是中国富有民族特色的长廊式桥梁，主要分布于侗族地区。因可避风雨，故名。风雨桥因建造地点不同而各有专名，如"回龙桥""泰安桥""程阳桥"等。均系木石结构。桥墩以青石垒砌，桥梁、桥柱及桥面建筑不用一钉。整座桥梁结构精密，坚固耐久。

程阳风雨桥景色

最大的风雨桥是广西壮族自治区柳州市三江侗族自治县的程阳风雨桥（又名永济桥）。建于 1916 年，长 64.4 米，宽 3.4 米，高 10.6 米，五墩四孔。桥上建有层次不等的多角形亭阁 5 座，气势雄伟，工艺精湛，集亭、塔、楼、阁建筑特点于一身。过去，桥上亭阁里曾设有神台祭坛，殿中有文臣武将的彩色塑像，四壁挂有彩绘帷帐。桥上备有长凳、泉水和草鞋，供来往行人取用。风雨桥既是侗族文化在建筑艺术上的结晶，也是他们热心公益事业和互助精神的象征。

程阳风雨桥因桥上有楼亭走廊可避风雨而得名。桥墩为双尖舟形，面层用规整石料，内填泥石，结合紧密。桥墩之间用圆木纵横格架组成桥身，桥面满铺木板。桥上两端建楼，楼三檐歇山顶。中央的亭为三檐八角攒尖顶；另两亭四角攒尖顶。楼亭之间以屋廊相连。亭中设神龛，廊内设长凳，供人避雨时憩息。整座桥只用榫卯接合，制作严谨，外观秀丽，是侗族建筑艺术和技艺的杰作，成为广西著名旅游景点。

程阳风雨桥

赵州桥

中国古石桥。位于河北省石家庄市赵县，跨越洨水。建于隋开皇十五年至大业元年（595～605），初称赵州石桥，后称安济桥，俗称大石桥。

赵州桥为隋朝匠人李春（生卒年不详）所建，是世界现存最早、跨度最大的空腹式单孔圆弧石拱桥，全部用石灰石建成，全长50.83米，净跨37.02米，矢高7.23米，桥面宽9米。拱由28券（窄拱）并列组成。券的每块拱石厚度约为1.03米，长约1米；宽度在拱顶为0.25米，部分拱石在趋近拱趾处逐渐放宽。在

赵州桥

拱券之上，压有一层厚度为 0.16 ～ 0.30 米的护拱石（又称眉石或伏券）。并列石券在券面上每隔一段距离设有铁拉条和钩石，采取的这些措施都有利于并列石券受载时不致解体。在大拱圈之上，每侧设两个小拱，以减轻桥的自重并增加泄洪面积。桥台采用明挖基础，建在亚黏土层上，由于桥位良好，基底应力合适，虽在 1400 余年中经受多次洪水及地震，桥至今无大变动，其中 20 券则仍是隋代原物。赵州桥在结构上开创了世界敞肩圆弧拱的先例，建筑造型和装饰技术亦为上乘精品。原桥石工制作精良，拱券龙门石上刻有吸水兽，栏板望柱刻有龙形浮雕，若飞若动。1991 年被选为"国际历史土木工程里程碑""世界著名古石桥"，均于桥头立碑纪念。

洛阳桥

中国现存最早的梁式石桥。又称万安桥。位于福建省泉州市东北 10 千米处，跨越洛阳江。北宋皇祐五年（1053）泉

15

洛阳桥全景

州太守蔡襄倡建，嘉祐四年（1059）竣工。历代多次修缮重建。1988年定为全国重点文物保护单位。

　　现存的洛阳桥是清乾隆二十六年（1761）重修的。全桥共48孔，长540米。若计两端桥堤，则桥全长为834米。桥面两旁护以石栏，有石根500柱，石栏长度与桥长同。但栏板、石柱今已不全。桥墩砌体相当庞大，两端砌成尖形，以分水势。此外有石狮28只、石亭7座、石塔9座，桥堍四角有石柱。洛阳桥北有昭惠庙，桥南有蔡襄祠等文物。1932年在桥墩上添建一矮墩，其上置钢筋混凝土桥面板以行车。

　　宋代建桥师们创造了垒址于渊、种蛎固基的巧妙方法。在桥址江中先遍抛石块，横过河道；然后以蛎房散置其上，蛎房是在浅海滩生殖的牡蛎，它长有贝壳，成片成丛，密集繁生，可把散乱的石块胶结成一整体。在这石基上用巨型条石砌成梭形，即成桥墩，潮汐来去，不能冲动，再在其上浮运安置石梁。洛阳桥用这种方法建造了桥梁的筏形基础，并用这种方法加固了桥墩。为了保护桥基和桥墩，在桥位标志范围内禁止采牡蛎。这在当地成为一条法律，并为历代所沿用。

卢沟桥

中国古代联拱石桥。位于北京市西南宛平城西，横跨永定河。永定河旧称卢沟河，桥因此得名。建于金世宗大定二十九年至金章宗明昌三年（1189～1192），初名广利桥。元改今名。

桥东西向，全长266.5米，宽7.5米，下分11涵孔，近岸孔跨约16米，中心孔跨21.6米。桥身两侧有石雕护栏，在281根望柱

卢沟桥石象

顶端雕以石狮 485 只，形态各异，生动逼真。卢沟桥从设计艺术到建筑技巧，在中国桥梁史上均占重要地位。明清两代曾进行多次修葺、重建。现桥为清康熙年间毁于洪水后重建。桥东头清乾隆御笔题刻的"卢沟晓月"碑亭为"燕京八景"之一。意大利人马可·波罗著《马可·波罗游记》一书，对这座桥有较详细的记载。

　　1937 年 7 月 7 日，日本侵略军炮击宛平城和卢沟桥，驻守在卢沟桥的第二十九军当即反击，发生了震惊中外的卢沟桥事变，揭开了全国抗战的序幕，卢沟桥因此成为中国人民抗击日本帝国主义侵略的纪念地。1961 年国务院公布卢沟桥为全国重点文物保护单位。

杭州湾跨海大桥

跨海公路大桥。大桥北起中国嘉兴市乍浦港以西的郑家埭，跨越杭州湾海域，止于宁波市慈溪水路湾，全长36千米。桥址较好地联系了杭州湾地区的国道同三高速公路、沪杭高速公路、乍嘉苏高速公路、杭甬高速公路和上三高速公路，建成后缩短宁波至上海间的陆路距离120余千米。

大桥由中国自行投资、设计、建造、管理。双向六车道高速公路，设计时速100千米/时。大桥设南、北两个航道，其中北航道桥为主跨448米的钻石型双塔双索面钢箱梁斜拉桥，通航标准3.5万吨级轮船；南航道桥为主跨318米的A形单塔双索面钢箱梁斜拉桥，通航标准3000吨。其余引桥采用30～80米不等的预应力混凝土连续箱梁结构。在大桥设计中首次引入景观设计理念，兼顾复杂的水文环境特点，结合行车时司机和乘客的心理因素，确定了大桥总体布置原则。

整座大桥平面为 S 形曲线，线形优美，生动活泼。从侧面看，在南北航道的通航孔桥处各呈拱形，使大桥具有了起伏跌宕的立面形状。大桥于 2003 年 6 月 8 日奠基。2008 年 5 月竣工通车。

虎门大桥

1997 年建成的中国第一座大跨径悬索桥。位于广东省东莞市虎门镇与广州市番禺区南沙镇之间，跨越珠江出海航道，连接广深和广珠高速公路，是沟通广东东西两翼公路网的咽喉通道。

虎门大桥辅桥

　　全桥长 4606 米，由主航道桥、辅助航道桥和东、中、西引桥组成。主航道桥为跨径 888 米的单跨钢箱梁悬索桥，是中国当时已建成的规模最大的高速公路悬索桥，桥宽 35.6 米，桥面设双向六车道。主缆直径 68.7 厘米，每缆 110 束索股，采用 127 根直径 5.2 毫米预制索股进行架设。桥址为强台风区，为增加抗风稳定性，加劲梁采用扁平流线型钢箱梁，自跨中对称向主塔依次吊装。首次在中国桥梁基础中采用地下连续墙防水技术，首次在钢箱梁和锚室内采用了自动抽湿系统。辅航道桥为预应

大跨径悬索桥——虎门大桥

21

力混凝土连续刚构桥，跨径270米，为建成时世界同类桥梁中的最大跨径，桥面总宽30米，采用上下行两座桥。2002年虎门大桥获中国土木工程界工程项目的最高荣誉奖——詹天佑土木工程大奖。

济南黄河斜拉桥

中国大跨度预应力混凝土公路斜拉桥，位于山东省济南市北郊。1978年12月开工，1981年7月通车。

正桥为5孔预应力混凝土连续梁斜拉桥，跨径为488米。南引桥24孔，北引桥27孔，共51孔，由跨度30米的预应力组合箱梁组成。全桥长2022.8米，桥面车行道宽为15米，两侧人行道各2米。主桥主梁用带风嘴的半封闭双室箱形断面，纵向及竖向均设有预应力钢筋。索塔在正立面上呈倒Y字形，全高68米。采用塔墩固结、塔梁分离的悬浮体系。缆索采用扇形密索双平行索面，在每塔一侧各设置11对斜缆索，梁上索距 8 米，每对用 2 ~ 4 索，每索以 79 或 121 根直径 5 毫米高强度镀锌钢丝平行编成，冷铸锚头，有减风振措施，能换索。主梁采

济南黄河斜拉桥

用挂篮悬臂浇筑法施工，每浇 4 米移动一次挂篮，索塔采用万能杆件拼装成脚手架法施工。

江阴长江大桥

中国首座跨径超过千米的大桥。位于江苏省江阴市与靖江市之间。1999 年建成，其主跨在当时已建成的悬索桥中居中国第一、世界第四位，是中国东部沿海高速公路和京沪高速公路跨越长江的重要工程。

全桥造型美观，线型顺适。桥梁总长 3071 米，主桥为跨度 1385 米的单跨简支钢箱梁悬索桥，桥下通航净高 50 米。桥面布置为高速公路标准的双向六车道，设中央分隔带和紧急停车带，在主桥跨江部分的两侧各设 1.5 米宽的人行道。江阴长江大桥主缆单根长度为 2178 米，由 22479 根直径 5.35 毫米无接头高强度低松弛热镀锌钢线组成，两根主缆共重 16780 吨。

2002 年江阴长江大桥获国际桥梁大会在美国匹兹堡年度学术会议上颁发的首届尤金·菲戈奖。这是中国首次获得国际桥梁大奖。

江阴长江大桥远眺

九江长江大桥

　　中国20世纪90年代最长的双层公路铁路两用桥。位于京九铁路线鄂赣两省交界处，1992年建成。

　　上层公路桥四车道宽14米，两侧人行道各宽2米，全长4460米；下层为双线铁路桥，全长7675.4米。正桥为4联11孔连续钢桁梁，其中主孔为桁梁–拱组合结构。全部钢梁为栓焊结构。由于桥址处河床地质条件极为复杂，在设计、施工上采用了大量的先进技术，尤其是在"大跨、高强、轻质"上取得了突破性进展，代表着中国建桥技术水平和科技发展水平。正桥采用了圆形钢筋混凝土沉井、浮运钢沉井、浮运钢沉井钻孔基础、双壁钢围堰钻孔基础、钢板桩围堰管柱钻孔基础5种形式的基础。

九江长江大桥

25

上海卢浦大桥

由林元培设计，2003 年建成，建成时曾创造拱桥跨度的世界纪录。

位于上海黄浦江上，桥位距下游南浦大桥 3 千米，距上游徐浦大桥约 7 千米。主跨 550 米，为拱－梁组合体系中承式系杆拱桥，通航净高 46 米，可通过 5 万吨级的轮船。桥面宽 40 米，设双向六车道，两侧各设 2 米宽观光人行道。桥梁建造中集斜拉桥、拱桥、悬索桥三种不同类型桥梁施工工艺于一身，因此卢浦大桥是世界上单座桥梁建造中采用施工工艺最多也最为复杂、投钢量最多的大桥，还是世界上首座除合龙接口一端采用栓接外，完全

卢浦大桥

采用焊接工艺连接的大型拱桥。

2004 年卢浦大桥获中国建筑工程鲁班奖。同年还获尤金·菲戈奖。尤金·菲戈奖是以美国已故桥梁设计师尤金·菲戈的名字命名的全球桥梁设计建造的最高奖，由国际桥梁大会创立，以表彰那些通过想象和创新并于近期建成的标志性桥梁。首届尤金·菲戈奖于 2002 年颁给中国的江阴长江大桥，每年只有一座桥梁获此殊荣。2008 年获国际桥梁与结构工程协会颁发的"杰出结构奖"。

南京长江大桥

位于中国江苏省南京市，跨越长江，连接津浦和沪宁铁路、南京和浦口市区交通干道的公路、铁路两用桥，是当时中国规模最大的桥梁。1960 年 1 月开工，1968 年 12 月建成通车。建桥总工程师为梅旸春。

正桥长 1576 米，共有 10 孔。自浦口岸桥头算起，第 1 孔

南京长江大桥景观

为跨长 128 米简支钢桁梁，后为 3 联 3 孔各长 160 米的连续钢桁梁。桥系双层式结构，上层公路面宽 15 米，每侧人行道各宽 2.25 米，下层为双线铁路桥面。两岸以桥头建筑作为正桥和引桥的分界，正桥桥头之后，铁路、公路引桥分别沿直线和弯道逐渐分岔。沿铁路桥面，桥全长 6772 米；沿公路桥面，桥全长 4588 米。正桥的铆接主桁和铁路横梁采用 16 锰低合金钢，公路焊接纵梁采用 16 桥钢，其他采用 3 号桥梁钢。铁路引桥共 159 孔，公路引桥共 91 孔，大部分采用跨度 31.7 米预应力混凝土简支梁。公路引桥接近地面部分为双曲拱桥，南京岸 18 孔，浦口岸 4 孔。此外，为了便利地区交通，南京岸另有双曲拱的分岔落地桥 11 孔。这座桥主体工程用钢料 66516 吨、混凝土 384063 立方米，桥头建筑采用南京工学院（今东南大学）的综合设计方案。

钱塘江大桥

位于中国浙江省杭州市，在闸口附近跨越钱塘江的公路、铁路两用桥。该桥沟通了沪杭铁路和浙赣铁路，并把华东公路干线连接起来。钱塘江桥于1934年8月全面开工，1937年9月建成通车。

该桥是在茅以升和罗英的主持下，由中国工程师设计监造的第一座大型公路、铁路两用桥。桥全长1453米，正桥长1072米，共16孔，墩距67米，每孔跨度为65.84米，简支平弦钢桁梁。上层为6.1米宽的公路，两侧人行道各宽1.25米；下层为标准轨距的单线铁路。上部结构为铬铜合金钢桁梁，浮运安装；下部结构为钢筋混凝土桥墩和沉箱基础。桥墩共15座，其中6座基础下达岩层，9座采用长送桩将木桩打至岩面，然后将沉箱沉至桩顶。钱塘江造桥主要困难有二：①江底全为流沙，深达40米始至岩层，受水冲刷，随时可能

钱塘江大桥

下陷；②有著名的"钱塘潮"。因此修建桥时采用了基础、桥墩和钢梁三种工程同时并进一气呵成的施工方法。

钱塘江桥通车3个月后，在日军侵入杭州前夕，中国军队于1937年12月23日将桥炸毁。有一座桥墩全毁，5孔钢梁损坏坠落江中。这座桥在抗日战争末期经修理，铁路勉强通车。抗日战争胜利后又经修理，1947年铁路、公路恢复通车，中华人民共和国建立后全部修整完毕。

武汉长江大桥

中国第一座跨越长江的固定式永久性公路、铁路两用桥，故号称"万里长江第一桥"。桥接通原京汉、粤汉两铁路为京广铁路，连通中国中部的公路网。

桥位于武汉市汉阳龟山和武昌蛇山之间。1913～1953年前期规划和设计工作共计40年，1955年9月正式开工，1957年10月建成通车。桥全长1670米，其中跨长江主桥为3联3孔各128米平弦

武汉长江大桥

菱格形低碳钢钢桁梁，8墩9孔，正桥全长1156米。汉阳岸引桥共17孔，总长303米；武昌岸引桥共12孔，总长211米，为钢筋混凝土多孔简支梁桥，高联拱外形。桥分上下两层，上层公路面宽18米，两侧人行道各宽2.25米；下层双线铁路。

在大桥的正桥与基础方案确定后，铁道部向全国征求桥头堡和引桥的设计方案。1955年2月，唐寰澄提交的第25号方案被选用。

厦门海沧大桥

亚洲第一座特大型三跨全漂浮钢箱梁悬索桥，位于中国福建省厦门市。

工程全长5926.527米，悬索主桥长1108米，主跨648米，设计通行能力为50000辆/日，行车时速为80千米/时。

厦门海沧大桥风光

总投资 28.7 亿人民币。主体建设工程于 1997 年 6 月正式开工，1999 年 12 月 30 日顺利建成通车。大桥为双向六车道加紧急停车带的高等级公路特大桥梁，其悬索结构在国内首次采用不设竖向塔支座的全漂浮连续结构。大桥的建设使中国在理论和实践上成功解决了三跨连续悬索桥缆索系统总体分析这一技术难题。

海沧大桥不仅是厦门与外界联系的又一重要通道，更是厦门现代化的重要标志，同时也是厦门新兴的旅游景点，其优美流畅的桥梁造型，轻巧独特的锚、塔结构，与周围环境协调一致的桥梁色彩，轻柔的夜景效果等，都与厦门这座现代化国际性港口和风景旅游城市相适应。

上海杨浦大桥

建于中国上海市区黄浦江上的大桥。1993 年建成，为双塔双索面钢－混凝土叠合梁斜拉桥。上海市区内环线高架道

杨浦大桥夜景

路跨江连接浦西市区与浦东新区的重要工程，也是上海市内环线的重要组成部分。

位于上海市杨浦区，桥址距苏州河河口 5.3 千米，与南浦大桥相距 11 千米。桥梁全长 8354 米（包括主桥、引桥、匝道、引道），其中主桥长 1178 米。主孔跨径 602 米，一跨过江，通航净高为 48 米。呈倒 Y 形的主塔采用钻石形钢筋混凝土结构，建筑高度 208 米，斜拉索按空间斜索面作扇形布置，每塔两侧各有 32 对拉索，全桥共 256 根，最大索长 330 米，重 33 吨，拉索最大断面由 313 根直径 7 毫米高强钢丝组成。桥面宽 30.35 米，按双向六车道设计，并设观光人行道。

港珠澳大桥

连接中国香港、珠海、澳门的超大型跨海通道，全长 55 千米，是世界上最长的跨海大桥。

港珠澳大桥跨越伶仃洋，东接香港特别行政区，西接广东省珠海市和澳门特别行政区。工程线路起自香港国际机场附近的香港口岸人工岛，止于珠海洪湾。其中，从珠澳口岸到香港口岸全长约 41.6 千米（包括香港接线约 12 千米）、珠海连接线约 13.4 千米。工程全部投资约 1050 亿元人民币。其中，主体工程由粤港澳三方共建，采用政府"全额出资本金方式"，项目资本金以外部分，由项目法人通过贷款解决。三方口岸连接线工程由三方各自负责建设。

2009 年 12 月 15 日，港珠澳大桥正式开工建设；2012 年 7 月，桥梁工程队伍进场；2016 年 6 月 29 日，主体桥梁成功合龙；2018 年 1 月 1 日，大桥主体全线亮灯，标志着大桥具

港珠澳大桥（香港段）

备通车条件；2018 年 10 月 24 日，正式通车。主体工程采用桥、隧道、岛组合方案，以约 6.7 千米隧道方案穿越伶仃西航道和铜鼓航道段，其余路段约 22.9 千米采用桥梁方案。主体工程隧道东、西两端各设置一座海中人工岛。主体工程采用双向 6 车道高速公路标准建设，设计速度为 100 千米 / 时。桥梁总宽 33.1 米，隧道宽度为 2×14.25 米、净高 5.1 米。大桥的设计使用寿命为 120 年。

布鲁克林桥

美国大跨悬索桥。位于纽约，跨越东河，连接布鲁克林区和曼哈顿岛。

1867年4月成立纽约桥梁公司，总工程师为J.A.罗布林（1806～1869），当年完成该桥设计报告，1869年动工。同年6月，罗布林因测桥位伤足染病去世，其子W.A.罗布林

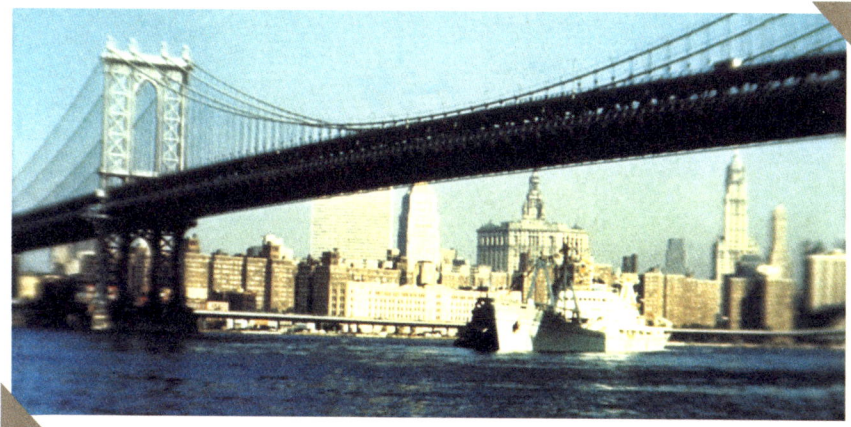

布鲁克林桥

（1837～1927）继任。1872年小罗布林因潜入深水桥墩过久得潜水病致半身不遂，仍继续坐控工程直至完工。1883年5月通车。

布鲁克林桥主跨为486米，有4根主缆，每根主缆包含19根索股。此外，还有108根斜拉索辅助主缆承重。桥塔用石砌圬工，木制沉箱基础。现桥已建成140年，尚畅通完好，日通过汽车能力为6000辆。该桥的成就不仅在于刷新了当时的跨度纪录，而且是世界上首次以钢材建造的大桥，构造上采用了钢加劲桁架梁和很多根斜拉索，从而有效地抵御了风暴和周期性荷载的振荡，为悬索桥在美国的发展奠定了基础。被誉为工业革命时代全世界七个划时代的建筑工程奇迹之一。

克尔克桥

大跨度钢筋混凝土拱桥。又名铁托桥，在克罗地亚萨格勒布西南，是连接大陆和亚得里亚海上克尔克岛的公路和管道两用桥。

建于 1976 ~ 1980 年。全桥由跨度 390 米（大陆至圣马尔科岛）和 244 米（圣马尔科岛至克尔克岛）的两孔钢筋混凝土上承式拱桥组成。两孔拱桥相距仅 239 米，在圣马尔科岛上用一段 96 米长的公路连接。桥面宽 11.4 米，设有双车道，桥面下敷设直径 61 ~ 91 厘米油管及 46 厘米输水管共 20 条。整体异常纤细，是该桥的设计特点。拱圈为单箱三室截面，用预制构件从两端悬臂拼装，至跨中合龙。跨度 390 米的主拱，其两端拱趾设在水中斜墩上，基础采用半浮运的气压沉箱。拱上结构为空腹梁柱，柱距约 33 米，较一般的大，故全桥甚为通透。

克尔克桥远景

诺曼底大桥

大跨度斜拉桥。位于法国西北部诺曼底半岛的翁弗勒尔南部和阿夫雷北部之间的塞纳河河口。大桥于 1988 年开工，1995 年建成时，跨径居世界同类桥第一。

大桥为双塔双索面大跨度复合斜拉桥，主跨 856 米，全桥长 2200 米。边跨和靠近桥塔的部分中跨是预应力混凝土箱梁结构，主跨中央 624 米是流线型扁钢箱梁。为增加抗风稳定性，桥塔采用倒 Y 形塔，高 215 米。桥面设四车道，标准宽为 19.5 米。全桥造价 32 亿法郎。

诺曼底大桥以其细长的结构和典雅的

法国诺曼底大桥

造型而著称，被国际桥梁与结构工程协会评为"20世纪最美的桥梁"。

悉尼港桥

大跨度钢拱桥。全长1149.1米，主跨503米，居世界拱桥的第七位，但承载能力大。建于1924～1932年。

英国人R.弗里曼设计，道门郎公司建造。桥型为双铰钢桁拱桥。拱顶处拱桁高度为18.29米，拱脚处拱桁高度为57.25米，两拱肋的中距为30米。用钢量3.8万吨，其中硅钢2.6万吨。桥面总宽48.8米，沿桥中线设17.4米宽的公路车行道，每一拱

悉尼港桥

肋的两侧各设有轨电车线一条（全桥共4条），另有各3.05米宽的两条人行道。钢拱上弦为反弯曲线，两端各有一造型简朴的桥头建筑。21世纪以来，加建平行的海底沉管隧道，即以一桥头建筑为通风塔。桁桥从两岸各半拱用回拉索伸臂安装，中间合龙。

悉尼港桥位置的重要性、结构能承载的重量，使它至今仍居于世界钢桁拱桥的前列。特别是与悉尼歌剧院建筑交相辉映，令人称颂。

明石海峡大桥

大跨度悬索桥。为日本连接本州与四国岛的主要桥梁，架设于宽约4千米的明石海峡上，实现了日本人一直想修建桥梁连接4大岛（本州、九州、北海道和四国）的愿望。工期10年，于1998年4月建成通车。

为保障宽1500米、高65米的主航道通航要求，该桥设计为主跨1990米（后因神户地震的影响，变为1991米）、主塔高度297米的钢悬索桥，大桥全长3911米。主梁结构采用钢桁架，桁架上层为车道，桥面宽35米，设6车道；下层架设自来水管路、通信线路

明石海峡大桥

和输电线路，神户一侧的桁架内还设置了观景设施。该桥于1995年1月遭受强烈地震，但除因地壳变形基础略有轻微位移外，结构本身未发生破坏。总投资约40亿美元。

金门大桥

美国加利福尼亚州金门湾上的吊桥。世界名桥之一，被誉为近代桥梁工程的一项奇迹。从1937年完工到1964年维拉札诺海峡桥完工前，跨度为世界之冠。

此桥由 J.B. 施特劳斯主持建造。它雄峙于宽1966米的金门海峡上。金门海峡位于旧金山湾入口处。全长2737米。主跨1280米，由悬在227米高塔上的两根直径各为92.71厘米的钢索吊起，大桥凭借这两根钢绳高悬半空。路面的中点高出平均水位81米。大桥按6车道设计，车道宽度18.28米，两侧各布置1条宽3.05米的人行道。大桥于1933年动工兴建，1937年竣工，用了10万多吨钢材，当时的工程费用为

金门大桥

3550万美元。大桥造型宏伟，气象巍峨。每当船只驶近旧金山市，从甲板上举目眺望，首先映入眼帘的建筑就是这座横卧于碧海白浪之上的朱红色大桥。到了夜晚，华灯齐放，大桥如巨龙凌空，给旧金山市增添了一道美丽的彩虹。

伦敦桥

位于英国伦敦泰晤士河上，是该河上28座桥梁中位于最下游的一座桥。地处伦敦塔附近，连接南沃克自治市高街和伦敦市的威廉王大街。在历史上被称为"伦敦的正门"。

老伦敦桥的建造目的是代替罗马晚期和中世纪早期先后建造的木桥。它的19孔桥拱跨度不同，架在大小不同的桥墩上，由于桥孔太窄，涨潮时河水往往形成一道道急流。最大的桥拱跨度为10.4米，最窄的为4.6米。在河中心的最大桥墩上还建有一座小教堂。竣工后3年，因火灾严重损坏。以后又发生多次灾难性事故。尽管如此，老伦敦桥一直是几个世纪内居民区和商业区的交通纽带，是伦敦泰晤士河上唯一的渡桥。18世纪50年代，桥的很大一部分由C.拉贝利重建。19世纪20年代，将旧桥拆除，建新伦敦桥，由J.伦尼设计。经8年施工，于1894年竣工通行。桥身由4座塔形建筑连接。新桥共有 5 个拱，其中位于河中间两座主桥墩之间的拱跨度最大，达 46 米。两座主桥基高 7.6 米，而桥基上又建有两座花岗石和钢铁结构的方形 5 层高塔，两座方塔上再建 4 座白色大理石尖阁和 5 座小尖塔，仿佛两顶皇冠。两座主塔高 42.67 米。桥分上、下两层，上面一层起支撑双塔的作用，桥面为一条宽阔悬空人行道，两旁装有玻璃窗，行人登桥可欣赏泰晤士河景色。下层桥面可以开合，平时通车，桥桁开启时可容万吨船只通过。每当巨轮通过时，只要高塔内机器一动，中间的桥面便一分为二，慢慢向上掀起，船过后，又慢慢落下，恢复通行。两块活动桥面各重 1000 吨。伦敦桥是英国首都一大胜景，游人可登桥观看附近古城塔群景色，也可参观设在主塔内部的博物馆和展览厅。

伦敦桥夜景

第二章

四通八达

纵横交错——铁路

高速铁路

高速铁路为新建设计开行 250 千米/时（含预留）及以上动车组列车，初期运营速度不小于 200 千米/时的客运专线铁路。高速铁路列车追踪间隔时间最小按 3 分钟设计，轴重不大于 17 吨，编组不大于 16 辆。

中国的高速铁路建设始于 1999 年所兴建的秦沈客运专线。经过 10 多年的高速铁路建设和对既有铁路的高速化改造，中国目前已经拥有全世界最大规模以及最高运营速度的高速铁路网。截至 2022 年年底，中国已投入运营的高铁总里程超过 4.2 万千米，"四纵"干线基本成型。中国高速铁路运营里程约占世界高铁运营里程的 72％，稳居世界高铁里程榜首。

高速铁路

高速铁路具有安全、快捷、舒适、运输能力大、能耗低、占地少、环保、与既有线兼容、社会经济效益好等特点。

经过建设实践，中国已掌握了复杂路基处理、长大桥梁工程、大断面隧道工程、轨道工程、牵引供电、通信信号、客运枢纽等高速铁路建设技术和运营管理维修技术，形成了完善的中国高速铁路技术体系。

磁悬浮铁路

靠电磁吸引力或推斥力将车辆托起，用直线电机的原理推动列车前进的铁路。根据电磁铁温度不同，磁悬浮铁路分为常温超导和超低温超导两种。

运行中的磁悬浮列车（上海）

　　德国采用常温超导技术于 1969 年研制出世界第一个磁悬浮列车模型，随后建成 31.5 千米环形试验线，1998 年列车试验最高时速达 450 千米。日本采用超低温超导技术于 1972 年研制出磁悬浮列车模型，2015 年在长 18.4 千米的山梨试验线上，列车试验最高时速达 603 千米。磁悬浮列车运行时与轨道无摩擦，加速减速快，安全性高，线路允许坡度大，车辆检修工作量小。但磁悬浮铁路与轮轨铁路不兼容，比轮轨高速铁路造价高、运输能力小。中国上海市与德国合作，2001 年 3 月修建了从市区龙阳路至浦东机场的高速磁悬浮铁路。线路全长 33 千米，设计最高时速为 430 千米，每小时可发 12 列，单向运行时间 8 分钟。2003 年 10 月正式运营。

宝成铁路

中国陕西省宝鸡至四川省成都的中国第一条电气化铁路。途经陕西省凤州、略阳、阳平关和四川省的广元、中坝、绵阳、德阳、广汉，全长668.2千米。北连陇海、宝中线，中接阳安线，南连成昆、成渝、成达线，是沟通中国西北、西南的第一条铁路干线。

1913年起，中国曾就大同至成都、天水至成都等铁路线路进行踏勘，终因工程艰巨而未能实现。1950年起对天水至略阳和

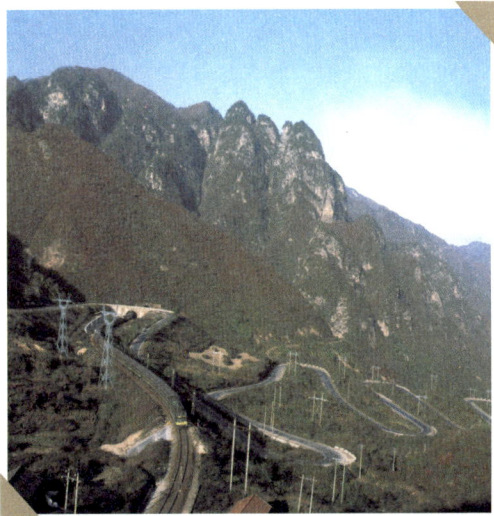

穿越秦岭的宝成铁路

宝鸡至略阳进一步勘测后，选定宝鸡至成都方案。1952 年 7
月和 1954 年 1 月于成都、宝鸡两端分别动工，1958 年元旦
正式运营。宝鸡至广元段地势险峻，地质构造复杂，为克服
直线距离 25 千米升高 817 米的越岭高程，以 3 个马蹄形、1
个螺旋形展线迂回；跨越秦岭地段采用 30‰的多机牵引坡度
和 2363.6 米的隧道，为避开不良地质地段，跨嘉陵江 16 次。
1961 年宝鸡至凤州段实现电气化，1975 年 6 月全线实现电气
化。1999 年 12 月，阳平关至成都段建成复线。

成昆铁路

中国四川省成都至云南省昆明的铁路。西南地区的铁路
网主骨架。中国铁路"兰昆通道"的组成部分。途经峨眉、
普雄、西昌、金江和广通，全长 1091 千米。北接宝成、成
渝、成达铁路，南连贵昆、南昆、昆河和广大铁路。

1958 年、1960 年、1961 年该线 3 次动工，3 次停工。1964

成昆铁路

成昆铁路沿线风光

年9月复工后，于1971年交付运营。铁路沿线不仅地形复杂，地势险峻，而且线路所经地区存在着山坡崩坍、落石、滑坡、泥石流等各种不良地质现象，铁路修建工程十分艰巨。全线在险峻山区中7次盘山展线，桥梁隧道总延长占线路长度的41.6％。从金口河到埃岱58千米的线路，就有隧道44千米，几乎成了地下铁道。建设工程于1985年荣获中国国家科学技术进步奖特等奖。2000年12月全线完成电气化改造。2007年开始复线建设，2022年底成昆铁路复线全线开通运营。

成渝铁路

中国四川省成都至重庆的单线铁路，是中华人民共和国建立后新建的第一条单线铁路。途经简阳、资阳、资中、内江、永川和江津，全长505千米。西接宝成、成昆铁路，东接川黔、襄渝铁路和长江航运，是西南铁路网中的重要干线。

1903年清政府就有修建川汉铁路之议，成渝铁路即其西段。1949 年前只完成少量土石方和桥梁工程，未铺一根钢轨。1950 年 6 月 15 日成渝铁路开工，1952 年 6 月 13 日竣工，1953 年 7 月 30 日正式交付运营。成渝铁路的修通，结束了四川没有铁路的历史。成渝铁路与湘桂铁路、宝成铁路同为中华人民共和国建立伊始的三大新线建设工程。该线按 Ⅱ 级铁路标准设计，是第一条全部以国产器材修筑起来的铁路。成渝铁路通车后，铁路运输量上升很快，经济效益明显。20 世纪 80 年代中期进行了电气化改造，改造后为 Ⅰ 级单线电气化铁路。

大秦铁路

中国山西省大同至河北省秦皇岛，中国第一条复线电气化重载单元现代化铁路。途经山西省阳高，河北省阳原、涿鹿、怀来（沙城），北京市延庆、怀柔、平谷，天津市蓟县，河北省玉田、丰润、迁安、抚宁，全长 653 千米。西接同蒲铁路，东连京山、沈山铁路，中间与京通、京承、津蓟线相

繁忙的大秦铁路

交，对开发山西煤炭基地，解决内蒙古、宁夏地区原煤外运，增加华北、东北、华东等地的煤炭供应具有重要作用。

第一期工程韩家岭站至大石庄站，1985 年开工，1988 年 12 月开通试运煤，正线长 410.8 千米。第二期工程大石庄至秦皇岛煤港，1989 年开工，1991 年 11 月 14 日竣工，正线长 242.2 千米。1985 年 10 月在大同东站建成与大秦铁路配套的中国第一个重载组合列车场，1996 年完成 1 亿吨运输能力配套工程。2014 年，大秦铁路开行 3 万吨重载列车运行试验取得成功，标志着中国成为世界上掌握 3 万吨铁路重载技术的少数国家之一。

广深铁路

中国广东省广州至深圳的铁路。途经石滩、东莞、平湖，全长147千米。北接京广、广茂线，南经深圳车站直通九龙，中间与广梅汕铁路相连。广深铁路位于珠江三角洲地区，是港澳台胞来往内地的重要通道，也是中国对外进出口物资的主要通道之一。

该线始建于1907年，1911年建成单线，1987年建成复线。1984年成立了自主经营的广深铁路公司。1994年12月改造成为三线铁路。1998年完成电气化改造，开始运营中国第一列运行时速200千米的X–2000摆式列车。2004年12月，广深铁路动工新建第四线同时对第三线进行提速改造，于2007年4月完工，成为当时中国第一条全程封闭、四线并行、最高运行时速达200千米的铁路，实现高速旅客列车与普速客车、货运列车分线运输，大大提高了运输能力。随后，广深铁路与广九铁路分离，两客运线路专供广深城际动车组列车行驶，剩余两线供广九直通车和其他跨线普速列车行驶。广深铁路的建成对促进广东、深圳、香港经济快速发展，保障香港繁荣稳定具有重要作用。

京九铁路

中国北京至香港九龙，纵贯京、津、冀、鲁、豫、皖、鄂、赣、粤9省市，中国铁路网最长的南北通道。途经霸州、衡水、聊城、菏泽、商丘、阜阳、麻城、九江、南昌、赣州和龙川，全长2381千米；包括天津至霸州和麻城至武汉联络线，总长2535.6千米。总投资近400亿元。

该线北接丰沙、京包、京秦、京原等干线，南连广深、龙梅铁路，与朔黄、石德、邯济、新荷、陇海、浙赣等多条干线相交。1993年全面开工，1996年开通运营。在当时，是中国铁路建设史上规模最大、投资最多、一次建成里程最长的铁路干线。北京至向塘和天津至霸州联络线一次建成双线，其余为单线。向塘至龙川段复线于1999年建成，龙川至东莞东复线于2003年1月10日建成通车，自此全线建成复线。2012年12月17日，京九铁路全段电气化改造全部完工，改造后的京九铁路可涉足开行双层集装箱列车和动车组。

京张铁路

中国人主持修建的第一条铁路。由中国北京至河北省张家口，途经居庸关、沙城、宣化，全长201.2千米。后为京包铁路的首段。

京张铁路是清政府排除英国、俄国等殖民主义者的阻挠，委派詹天佑为京张铁路会办兼总工程师，于1905年9月开工修建，1909年8月建成通车。京张铁路自南口至岔道城（在今西拨子车站附近）一段称为关沟段，地势险峻，工程艰巨，詹天佑决定采用两台当时世界上马力最大的蒸汽机车，前拉后顶，以 33‰的最大坡道，爬越军都山山脉，并在青龙桥附近设置"之"字形展线，将八达岭隧道从约 6000 米缩短到约 1000 米，适应了当时中国技术装备的水平、工期、工款等条件。京张铁路建成后经过不断延展修筑，成为京包铁路的一段。1960 年启动复线建设，1962 年青龙桥西站建成，1981 年进行电气化改造。2016 年拆除北京北站至清华园段，兴建京张铁路遗址公园。2018 年 1 月，京张铁路入选第一批中国工业遗产保护名录。2019 年 12 月 30 日，新建的京张高速铁路开通运营，列车最高运行速度为 350 千米 / 时。

京张铁路的通车运营，极大地便利了北京与张家口之间的交通，促进了张家口内外贸易。其建成彰显了中国人民自力更生艰苦奋斗的精神和自主创新的能力，培养和造就了一支铁路建设的队伍。

京沪高速铁路

中国北京至上海的高速铁路。简称京沪高铁。线路自北京南站引出，贯穿北京、天津、上海3个直辖市和河北、山东、安徽、江苏4省，终到上海虹桥站。全长1318千米，设计速度350千米/时。2008年1月开工建设，2011年6月30日投入运营。2017年9月21日起，采用"复兴"号动车组实现350千米/时运营。

京沪高速铁路全线共设24个车站。京沪高速铁路是中国最繁忙的铁路干线之一，所经区域人口稠密，城镇密布。

京沪高铁全线共有桥梁288座，总长度1059.7千米，占线路总长80.4%；路基总长度242.5千米；轨道以CRTS Ⅱ型板式无砟轨道为主；隧道21座，总长度15.8千米。京沪高速铁路正线跨越黄河和长江，各桥的主桥均采用了大跨度钢桁梁。南京大胜关长江大桥为世界首座六线（包括搭载的双线地铁）铁路大桥，跨水面正桥长 1615 米，主桥上部结构采用（108+192+336+336+192+108）米六跨连续钢桁拱桥，三桁承重结构；济南黄河特大桥为四线铁路桥，大桥的主桥长 5143 米，主桥上部结构采用（112+3×168+112）米五跨连续钢桁拱桥，在中跨设置加劲拱以加大中跨结构的刚度。

2010 年 11 月 9 日至 2011 年 5 月 5 日，在京沪高速铁路先导段（枣庄西至徐州东）开展了高速综合试验，系统进行了 350 千米 / 时速度以上高速铁路技术的探索实践和科学研究，取得了一系列创新成果。京沪高速铁路是当时世界上一次性建成里程最长、速度最快、标准最高的高速铁路。作为中国重大基础交通工程，是中国铁路发展史上的重要里程碑，对国民经济和社会发展意义重大，影响深远。京沪高速铁路获 2015 年度中国国家科学技术进步奖特等奖。

京沪高铁

京广高速铁路

中国北京至广东广州的高速铁路。简称京广高铁。京广高速铁路纵贯北京、河北、河南、湖北、湖南、广东 6 省（市），全长 2298 千米，是世界上运营里程最长的高速铁路，设计速度 350 千米／时。

线路自北京西站引出，向南途经石家庄站、邯郸东站、新乡东站、郑州东站、武汉站、长沙南站、株洲西站、清远站等，终至于广州南站，共设 36 个车站。分 3 段建设，并先后开通运营。其中，武汉至广州段运营里程 1069 千米，于 2005 年 6 月 23 日最先开工建设，2009 年 12 月 26 日开通运营；北京至石家庄段、石家庄至武汉段相继开工建设。2012 年 12 月 26 日京广高速铁路全线贯通。旅客从北京至广州的乘车时间缩短至 8 小时。

陇海铁路

中国江苏省连云港至甘肃省兰州的铁路，中国铁路客货运输任务最为繁忙的东西干线之一，也是新亚欧大陆桥的组成部分。途经徐州、开封、郑州、洛阳、西安、宝鸡和天水，横贯江苏、安徽、河南、陕西、甘肃五省，全长1759千米。西接兰新、兰青和包兰铁路，与京沪、京九、京广、焦柳、西延、西康、宝中、宝成等干线相交。

1904年开始陇海铁路自郑州向东西两端的修建，1910年建成开封至洛阳段，1916年通车至徐州，1925年到海州，1934年到连云港；西行线1927年通车至灵宝，1935年到西安，1936年到宝鸡，1945年到天水，1953年建成天水至兰州段。随后陆续进行复线和电气化改造，2003年全线建成复线，郑州至兰州段实现电气化牵引。2006年8月和2009年

10 月，郑州至徐州段和徐州至连云港中云段分别完成电气化和提速改造，旅客列车最高运行时速达 200 千米。

青藏铁路

中国青海至西藏的铁路。世界上海拔最高、线路最长的高原铁路。始于青海省西宁市，终于西藏自治区拉萨市，全长 1956 千米。按修建时间，可分为西宁—格尔木、格尔木—拉萨两段线路。

西宁—格尔木段沿途经过海藏通衢、湟水峡谷、青海湖畔、天峻草原、关角隧道和柴达木盆地，全长 814 千米，平均海拔在 3000 米以上，其中长 4010 米的关角隧道海拔最高为 3690 米。这一段于 1958 年 9 月开工，1961 至 1973 年停工，1974 年恢复施工，1979 年 9 月 15 日建成，1984 年 5 月 1 日通车运营。建成初期为单线，主要车站有湟源、海晏、哈尔盖、德令哈等。线路的关键工程主要有：一是在地质复杂、断层切割、岩石破碎、地下裂隙水发育的关角建成了当时中国铁路海拔最高的隧道；二是在察尔汗盐湖的饱和粉细砂振动液化地段和盐湖溶洞等地段修筑了89千米的盐湖路基。2007年9月开始，对该段线路实施增建二线和电气化改造工程；2014年12月28日，平均海拔3500米、长32.69千米的两座平行单线隧道——新关角隧道建成通车。格尔木—拉萨段全长1142千米，单线内燃牵引。2001年6月29日开工建设，2006年7月1日开通运营。线路通过昆仑山、唐古拉山、念青唐古拉山等山脉，跨越长江、怒江、雅鲁藏布江等水系，

海拔 4000 米以上地段有 965 千米；主要车站有纳赤台、五道梁、沱沱河、雁石坪、唐古拉（全线海拔最高点 5072 千米）、安多、那曲、当雄、羊八井等。该段线路经过昆仑山北麓西大滩至安多谷地间 550 千米长的地段，平均海拔在 4500 米以上，为中低纬度地带冻土分布面积最广、厚度最大、海拔最高且地质条件极为复杂的区域；沿线自然环境恶劣，低气压、低氧分压（空气中含氧量相当于平原地区的 60%），气候寒冷干旱，紫外线辐射强烈，大风、雾、沙暴等时有发生，且处于鼠疫自然疫源地；此外，线路还经过荒漠、草原、草甸、湿地、灌丛等高原高寒生态系统，以及可可西里和三江源国家级自然保护区，沿线分布有多种类珍稀野生动物栖息地，生态环境原始、脆弱、敏感。因此工程建设面临"多年冻土，高寒缺氧，生态脆弱"的重大难题。

20 世纪 70 年代以来，中国组织科技力量在青藏高原长期坚持开展多年冻土观测研究、高原医学研究和环境保护研究，在全面展开格尔木—拉萨段铁路施工之前建设了冻土工程试验段，确立了"主动降温、冷却地基、保护冻土"的设计思想，以及成套的冻土工程措施，并优化冻土工程施工工艺，有效保证了多年冻土工程的安全与稳定。在青藏铁路的工程建设中，建立了覆盖全线、较为完备的卫生保障体系，实施了一系列严格有效的高原病、鼠疫病防治措施，实现了高海拔、特大群体、长期作业高原病零死亡、鼠疫零传播的目标；安排了高原高寒植被恢复与再造、野生动物迁徙通道、自然景观保护、污水处理以及固体废弃物处置等工程，实现了多年冻土环境得到有效保护、江河源水质不受污染、野生动物迁徙不受影响、铁路两侧景观不受破坏的，建设具有高原特色生态环保型铁路的目标。

格拉段建设有 GSM-R 数字移动通信系统；有线无线相融合的列车调度通信系统；利用卫星导航系统对列车实时定位，以数字移动通信系统传输列车运行控制信息的列车运行控制系统；分散自律调度集中系统；35 千伏电力线路长大距离供电，最长供电距离达 350 千米，是正常供电距离的 4 倍；开行了供氧旅客列车。列车运行时速在冻土区为 100 千米，非冻土区为 120 千米。为满足日益增长的客货运输需要，2015 年 12 月对该段铁路实施扩能改造工程，2018 年 8 月竣工，58 个车站全部开通。

青藏铁路获 2008 年度中国国家科学技术进步奖特等奖。青藏铁路的建成通车，结束了西藏自治区不通火车的历史，显著促进了经济社会发展和科学技术的进步。青藏铁路显著提高了进出藏客货运输的速度，降低了交通费用和物流成本，促进了西藏产业结构的调整，特别是促进了西藏旅游业的发展，提高了西藏居民的生活水平，提升了西藏地区经济生产总值的增长速度。青藏铁路为西藏地区铁路网建设和综合交通运输体系的发展奠定了基础，为巩固国防极大地提高了部队的机动和后勤保障能力。青藏铁路对建立高原铁路技术体系、高原冻土区工程建设、高原医学和高原环境保护等方面的科技进步具有明显的促进作用。

粤海铁路

中国第一条跨海铁路。全长 526 千米，其中新建线路 345 千米，1998 年 8 月开工建设，2004 年 12 月全线开通客运。

粤海铁路包括"两线一渡"，即广东省内的湛江至海安镇铁路（湛海线，139 千米）、琼州海峡铁路轮渡（包括陆上线路共 24 千米）和海南省内的海口至叉河铁路（西环线，182 千米），以及海南既有的叉河至三亚铁路。为便于列车上下渡船，在港口设铁路待渡场和铁路栈桥，待渡场用于完成列车的技术作业和航渡前后列车的编解作业。铁路栈桥是连接待渡场与渡船的关键，列车从待渡场解编分组后经由栈桥上渡船，或从渡船经由栈桥到待渡场进行再次编组。

"两线一渡"中的"渡"即运载铁路列车过琼州海峡的渡船，为整条铁路的特色。截至 2018 年 5 月，在粤海铁路服役的渡船有粤海 1～4 号。其中，于 2001 年 11 月开工建造、2003 年 1 月 7 日投入使用的粤海 1 号渡船是中国自行设计、自行建造的第一条跨海火车渡船，其设计时速 15 海里、船长 165 米、宽 23 米、排水量 1.34 万吨、载重量 5600吨，可同时运输 40 辆铁路货车或 18 辆铁路客车、50 辆汽车和 1000 余名旅客。渡船从下到上的三层甲板分别用于装载火车、汽车和旅客，火车甲板设置有 4 条轨道。渡船配置了抗侧倾斜系统、黑匣子等装置，抵抗风级达到 8 级。2003年 6 月，设计构造、性能同粤海 1 号的粤海 2 号渡船正式运营，实现了两船对开，提升了粤海铁路运输能力。2011 年，先后投入运营的粤海 3 号和粤海 4 号渡船在顶面设有直升机起降平台，增加了卫星导航系统、船舶机舱自动化网络监控系统等，大幅提升了粤海铁路渡船的性能、航速、抗风及安全保障能力。

栈桥包括海口港（南港）栈桥和海安港（北港）栈桥。南港栈桥是中国首座自行设计、建造的跨海铁路栈桥，一端与陆地相连、另一端悬浮于琼州海峡，宽 22 米，与渡船对应设置有 4 条股道。为保证列车平稳上下渡船，一方面渡船配备侧推装置实现船舶"横移"，加之码头侧的防碰垫保障渡船与作业泊位精准对接；另一方面栈桥的升降机构可根据渡船吃水深度变化、海面水位变化，以及预测的列车通过状态对桥面进行调节，使得甲板、栈桥、陆地铁轨处于同一平面。火车上渡船后，采用过渡车钩、铁鞋、绑扎铁链、垂直螺杆支撑器等固定方式将其牢牢固定，并利用渡船减摇—抗横倾系统最大可能地减少船舶摇摆，保障列车平稳过渡。

美国横贯大陆铁路

从美国大西洋沿岸的纽约市至太平洋沿岸的圣弗朗西斯科（旧金山）市的铁路。横贯美国大陆，全长 4850 千米。

1862 年为了大规模开发西部，美国国会通过了《太平洋铁路法案》，授权联合太平洋铁路公司从密苏里河西岸的奥马哈城向西修建铁路，中央太平洋铁路公司从加利福尼亚州首府萨克拉门托向东修建铁路。

联合太平洋铁路公司与中央太平洋铁路公司对向修建的

铁路于 1869 年 5 月 10 日在犹他州普罗蒙特里接轨。其间,奥马哈城到纽约的铁路亦被整顿。随后,萨克拉门托至旧金山段铁路建成,遂使横贯美国大陆的铁路全线通车。旅美华工是修筑这条铁路的主力,工作极其艰辛。这条铁路加快了美国西部经济和社会的发展步伐。

坦赞铁路

根据中国、坦桑尼亚、赞比亚三国政府签订的《关于修建坦桑尼亚—赞比亚铁路的协定》,由中国政府提供无息贷款和技术援助,在坦、赞两国修建的铁路。

1970 年 10 月 26 日和 28 日分别在达累斯萨拉姆和卡皮里姆波希正式开工,1976 年 7 月 14 日正式运营通车。这条铁路为赞比亚、博茨瓦纳、津巴布韦、马拉维等国提供了通往印度洋的出海口。自坦桑尼亚首都达累斯萨拉姆至赞比亚卡皮里姆波希,全长 1860.54 千米。其中坦桑尼亚境内正线

坦赞铁路起点达累斯萨拉姆火车站外景

全长 975.91 千米，赞比亚境内正线全长 884.63 千米。铁路轨距为 1067 毫米。全线有桥梁 318 座，总延长 16321 米；有隧道 22 座，总延长 8898 米。设计能力年货运量 500 万吨，初期铁路货物输送能力为每年 200 万吨。

坦赞铁路为非洲国家打破种族隔离制度封锁、推进民族独立和解放发挥了巨大作用，被非洲人民称为"自由之路""友谊之路"，成为中非友好的历史见证，在中非关系史上树立了一座不朽的丰碑。

西伯利亚铁路

横贯俄罗斯西伯利亚的世界上最长的铁路。又称西伯利亚大铁路。起自车里雅宾斯克，经鄂木斯克、新西伯利亚、克拉斯诺亚尔斯克、伊尔库茨克、赤塔和哈巴罗夫斯克（伯

西伯利亚铁路

贝加尔湖畔的西伯利亚铁路

力），至太平洋沿岸的港口城市符拉迪沃斯托克（海参崴），全长 9288 千米。轨距为 1524 毫米。于 1891 年、1892 年分别从符拉迪沃斯托克和车里雅宾斯克开始对向修建，1916 年全线通车。

20 世纪 30 年代完成全部复线工程。40 年代开始电气化改建工程，到 70 年代中期，从车里雅宾斯克到赤塔以东的卡雷姆斯科耶全部实现电气化。为了开发西伯利亚北部的资源，苏联决定修建一条从贝加尔地区的勒拿到阿穆尔地区的共青城的新铁路，简称贝阿铁路，全长 3145 千米，途经查腊、滕达、乌尔加尔等地，工程艰巨。贝阿铁路于 1974 年 1 月开工，1984 年 10 月竣工，1985 年正式运营。连同从勒拿到原有西伯利亚铁路的泰谢特站以及从共青城通往苏维埃港的两段铁路，全长 4350 千米，称为第二西伯利亚铁路，也是世界上屈指可数的长铁路干线之一。

日本新干线

日本高速铁路干线。新干线为日语高速铁路的音译。

1964 年 10 月 1 日东海道新干线建成通车，"光"号列车最高运行速度 210 千米／时，打破当时的世界纪录。后继续提速，列车运行时间由原来的 6 小时 30 分减至 2 小时 30 分。随后，新干线相继延伸至博多、盛冈、新潟、长野。

2000 年日本新干线总长 1952.5 千米，每天开行 750 列，运送旅客 75 万人次。为了扩大新干线的覆盖面，日本还改造了盛冈至秋田、福岛至新庄既有铁路，使高速列车在该段以

130千米/时的速度运行。截至2017年4月，日本投入运营的新干线里程为3041千米。通过加强技术研究和新型车辆的开发，日本新干线最高运营时速达320千米。

第三章

穿山越岭 穿越海洋——隧道

大瑶山隧道

中国第一条超长双线电气化铁路隧道。建成时是中国最长的铁路隧道。位于广东省北部韶关市西北，京广铁路衡广（衡阳—广州）复线上。大瑶山隧道于1981年11月开工，1987年5月6日贯通，1988年11月6日建成，有4000多名工人参与施工建设。隧道全长14295米，埋深70～910米。

隧道设计采用截弯取直的长隧道设计方案，双线铁路电力牵引断面；利用3个斜井和1个竖井通向正洞，以利施工和通风。大瑶山隧道的开通，比既有铁路坪石—乐昌线里程缩短约15千米。火车速度从50千米/时提升至100千米/时以上，加强了中国岭南地区与北方地区的交通联系。大瑶山隧道勘测设计和施工是中国隧道建设技术的一次飞跃，获得国家科学技术进步奖特等奖，是铁路隧道技术进步的里程碑。

黄浦江打浦路隧道

中国第一条水底隧道。位于上海市区黄浦江上游的江底，因西侧与打浦路相接而得名，1965 年 5 月动工，1970 年 9 月建成通车。包括引道在内，全长 2761 米。

隧道埋设于由第四纪冲积层形成的淤泥质黏土和粉沙土地层中，底部最大埋深约在地面以下 34 米，水底段最小覆土深度为 7 米。两端洞口外均设有长约 100 米的棚式光过渡段。沿线设有竖井 6 座，施工时用于拼装、拆卸盾构，运营时为风井或安装设备之用。

隧道外径 10 米，内径 8.8 米，内设双车道。车道宽 7

米，一侧设有宽 0.25 米的侧石，另一侧为宽 0.65 米的检修巡逻道。水底及相接河岸段为圆形断面，采用网格式挤压盾构及全闭胸挤压盾构施工。衬砌由 8 块钢筋混凝土管片组合而成。后续河岸段为钢筋混凝土矩形断面，引道段为敞开式的 U 形断面。隧道内车行道为现浇钢筋混凝土路面。采用横向机械式通风，沿隧道纵向布设送排风口。沿纵向设有 7 座排水泵房，可将隧道内污水及冲洗水定时排出，以保持清洁和干燥。

黄浦江打浦路隧道内景

新八达岭隧道

中国单拱跨度最大（截至 2019 年）的暗挖铁路隧道。是京张高速铁路正线隧道中里程最长、环保要求最严格、施工难度最大的隧道。位于北京市昌平区南口镇至延庆区段，全长 12.01 千米，单洞双线。工程于 2016 年 4 月开工建设，2018 年 12 月 13 日顺利贯通。

新八达岭隧道穿越八达岭长城核心区域，一次并行水关长城，两次下穿八达岭长城。下穿两处浅埋地段，最小埋深为 10 米的石佛寺村和最小埋深仅 4 米的老京张铁路青龙桥站。

位于八达岭隧道内的八达岭长城站，自上而下设置出站层、进站层和站台层 3 层。车站长 470 米，距离隧道进口约 8 千米，车站两端与区间隧道设总长 326 米的过渡段；最大埋深 10。截至 2019 年，是中国埋深最大、结构最复杂、旅客提升高度最大的暗挖高铁地下车站。

新八达岭隧道及八达岭长城站的建设采用了多种新材料、新技术和新工艺。大跨度隧道的喷射混凝土中添加了新型纳米材料，有效提高了结构的早期强度；在隧道下穿文物和临近复杂洞群的区段，首次采用精准微损伤控制爆破等先进技术，使用电子雷管控制爆破，控制单段药量及间隔时间，通过设置并监测爆破监测网点的爆破振速，有效避免工程建设对沿线文物和环境的不利影响，减小施工爆破对相邻洞室围岩及支护结构的损害；隧道开挖采用了顶洞超前、分层下挖、预留核心、重点锁定、高性能混凝土一次浇筑成型的"品"字型分部挖掘法，为今后大跨度隧道钻爆法施工提供了新路径。

新八达岭隧道施工建设

青函海底隧道

日本穿越津轻海峡连接本州岛（青森）与北海道岛（函馆）的海底铁路隧道，建成时是世界上最长的隧道。为双线隧道，全长53.85千米，其中海底部分为23.3千米。本州端陆上部分长13.55千米，北海道端陆上部分长17千米。

1949年9月26日，航行在青森至函馆间的轮渡遭台风袭击而翻船，1430人遇难。为了避免再次出现海难事件，日本政府修建青函隧道。这条海底隧道的最大水深为140米，距离海底不到100米。主隧道宽11.9米，高9米，铺设两条铁路线，

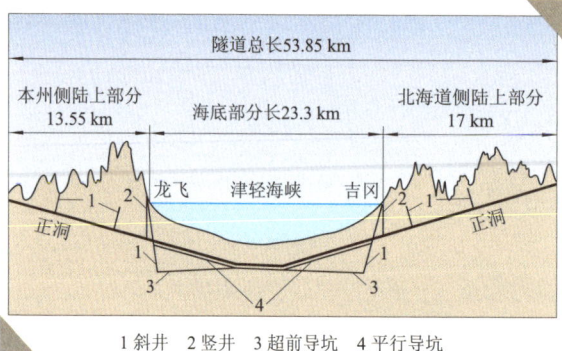

1 斜井 2 竖井 3 超前导坑 4 平行导坑

青函海底隧道剖面图

复线铁路隧道的旁边还分别有作业隧道和紧急隧道。隧道的建设由日本国家铁路公司发起，于 1964 年 5 月开工，工程巨大，土方浩繁，投入大量资金，1988 年竣工通车。电气化列车从海底通过津轻海峡只用大约 30 分钟，从前以轮渡过海则要长达 4 小时。青函隧道使北海道与本州之间的交通不再受恶劣气候的影响，运输能力和效率大大提高，对日本北海道的矿山、钢铁、造船和渔业的发展产生了不可低估的作用。因而，被称为日本列岛的"北方走廊"。

圣哥达公路隧道

穿越圣哥达山口的隧道。是欧洲南北轴线上穿越阿尔卑斯山最重要的通道之一。1999 年开工，2010 年 10 月全线贯通，2016 年正式通车。隧道穿越瑞士阿尔卑斯山脉底部，长约 35 英里（约 57 千米），距地面 8000 英尺（约 2438.4 米），超过日本的青函隧道，建成时是世界上最长的隧道（含铁路隧道和公路隧道)。

圣哥达隧道由瑞士政府斥资建成，建设用时17年，共耗资120亿瑞士法郎，设计使用年限为100年。实际上是两条平行的隧道，每条隧道都长达将近57千米，加上其他通道，总长达151.84千米。自1980年以来，穿越阿尔卑斯山的交通量增长了十几倍，原有的公路和铁路隧道已达到了使用极限。为了提供一个更快、更平坦的通道通过瑞士阿尔卑斯山，瑞士决定兴建这条隧道穿过圣哥达山体，此隧道几乎接近地平线。

英吉利海峡隧道

一条穿越英吉利海峡通往法国的铁路隧道，位于英国多佛港与法国加来港之间。隧道由三条长51千米的平行隧洞组成，总长度153千米，其中海底段的隧洞长度为3×38千米，是世界第二长的海底隧道及海底段世界最长的铁路隧道。

英吉利海峡隧道是20世纪欧洲最大的基础项目工程：在

海底以下 50 米的挖掘工程整整经历了 8 年时间，耗资约 160
亿欧元。是世界上规模最大的利用私人资本建造的工程项目。
西方媒体及众多的学术文章中都称英吉利海峡隧道为人类工
程史上的一个伟大奇迹。两条铁路洞衬砌后的直径为 7.6 米，
开挖洞径为 8.36 ~ 8.78 米；中间一条后勤服务洞衬砌后的直
径为 4.8 米，开挖洞径为 5.38 ~ 5.77 米。它总长居世界之冠，
工程量惊人，从欧洲隧道中挖出的土石方计 750 多万立方米，
相当 3 座埃及大金字塔的体积；隧道衬砌中用的钢材，仅法
国方面就承担了相当于 3 座埃菲尔铁塔的钢材。除此之外，
更重要的是它成功地解决了许多工程技术上的难题。在设计
过程中，几乎排除了创新设计的可能性，而是采取经过试验
的成熟技术，在各个部分精心选取欧美不同国家的标准设计，
以确保其高质量和安全性。同时，将成熟的先进技术在复杂
的工程中成功地加以综合应用，本身就是一种创造，这样做
极大程度地降低了施工中的风险。

第四章

连接世界 触及角落——公路

川藏公路

由中国四川省成都至西藏自治区拉萨的国家干线公路。途经雅安、康定、东俄洛、甘孜、昌都、邦达、林芝等地，全长 2400 余千米。又称川藏北线。

成都至雅安段，长 151 千米，原称川康公路，建于 20 世纪 30 年代，后遭毁坏，1950 年修复通车。雅安至拉萨段，长 2255 千米，原称康藏公路，1950 年动工建设，1954 年建成通车。这条路通车后，对发展四川西部经济、沟通其他省份与西藏的联系，巩固国防、开发边疆都有十分重要的意义。1955 年西康省撤销后，川康公路和康藏公路合并称为川藏公路。

　　川藏公路沿线地形复杂，气候恶劣。它翻越二郎山、雀儿山等十几座大山，跨过大渡河、金沙江、雅鲁藏布江等多条大河，还要通过冰川泥石流、滑坡等地质不良路段。工程艰巨，技术复杂。初通车时标准很低，通过雀儿山垭口的路段海拔 5047 米，行车尤为困难。为改善行车条件，1957 年又在川藏公路东俄洛至邦达之间，修了一条经理塘、巴塘的川藏公路南线。

　　高山挡不住，天堑变通途。如今，进藏公路已经进入高速时代，日渐织密的交通网成为惠及民生、绿色发展、乡村

振兴的强大引擎。但由于严酷的自然条件，沿线仍容易出现冰川泥石流和不稳定的山体滑塌、坍方等灾害，影响公路的畅通。

青藏公路

由中国青海省西宁至西藏自治区拉萨的国家干线公路。世界海拔最高的公路。途经倒淌河、茶卡、格尔木、安多、那曲等地。初通时长 2200 余千米，后经不断改建裁弯取直，全长 1943 千米。

青藏公路翻越日月山、昆仑山脉、唐古拉山等高山，跨过柴达木河、楚玛尔河、沱沱河等多条大河，途经海拔 4500 米以上的永冻土路段 500 多千米，穿越海拔 5231 米的唐古拉山口，沿途高寒缺氧，施工困难。20 世纪 30～40 年代，曾先后在西宁至格尔木之间修过简易公路，公路至 1949 年已经毁坏。1950 年开始修复、改建，1953 年通车。格尔木至拉萨

1100 余千米的公路于 1954 年由青藏筑路总队负责修建，同年 12 月通车。初期该路标准很低，后经多次改建，全线均铺上了沥青路面，基本达到了二级路标准，一些路段还改建为一级公路。

青藏公路的通车以及公路标准的不断提高，对青海西部和西藏自治区的社会与经济发展具有重要意义，进出西藏的物资大部分是通过该路运输的。进藏的输油管道、通信光缆和铁路建设也都依托这条公路得以顺利进行。青藏高原的独特风光又吸引了大批国内外旅游者，使青藏公路成为著名的高原旅游线路。

京津塘高速公路

中国北京经天津至塘沽港的高速公路。是中国利用世界银行贷款修建的第一条高速公路。起自北京四环路，经马驹桥、廊坊、武清、天津、军粮城，直达塘沽河北路，全长 143

千米。

1987 年 12 月正式开工建设，1990 年北京至武清段通车，1993 年 9 月全线建成。标准为双向四车道，设计行车速度120 千米／时。通过新建的联络线，与廊坊、武清、天津市区和天津机场相贯通。

京津塘高速公路的建设，首次采取国际公开招标办法，择优选择施工队伍和工程监理单位，执行国际通行的菲迪克条款，对施工全过程进行监控，确保了工程质量和建设计划的实施，并为中国高速公路建设积累了宝贵经验。通车后加强了首都与天津市和华北最大港口的联系，对促进京、津、冀社会与经济发展意义重大。

京沈高速公路

中国北京至辽宁省沈阳的高速公路。国道主干线之一。起于北京市东四环路，经河北省三河，天津市宝坻，河北省唐山、北戴河、秦皇岛、山海关，辽宁省葫芦岛、锦州、盘锦，终点接沈阳市绕城高速公路，全长658.35千米。

京沈高速公路全线按六车道标准设计。1996年9月开始分段建设，除天津段分两期完成外，其余路段按六车道一次建成通车。1999年全线通车。路基宽度34.5米，设计行车速度120千米／时。

京沈高速公路连接了北京、天津、河北和辽宁等省市，将黑龙江省同江至海南省三亚、北京至上海、北京至珠海等国道主干线连为一体，对完善高速公路网络，缓解沿线交通紧张状况，提供快速、安全、经济和舒适的交通运输条件，改善宏观投资环境，促进资源开发和旅游事业的发展，加快环渤海湾地区的经济交流与合作，产生深远的影响。

第五章

人流穿梭　冲上云霄——机场

北京首都国际机场

中国最大的综合枢纽机场，同时也是中国的空中门户和对外交流的重要窗口。

机场位于中国北京市东北郊，距北京市中心约 25 千米，占地面积约 14.8 平方千米，是中国最繁忙的国际航空港。第一期工程于 1958 年投入使用，1965 年开始又先后进行了 3 期共 8 次大规模的改扩建。

飞行区现有 3 条平行跑道：东跑道长 3800 米，宽 60 米，为水泥混凝土旧道面上加铺沥青混凝土道面；西跑道长 3200 米，宽 50 米，为水泥混凝土旧道面上加铺沥青混凝土道面；

北京首都国际机场停机坪

3 号航站楼东侧的跑道长 3800 米，宽 60 米，为水泥混凝土道面。

2000 年建成的 2 号航站楼，在功能和标准上均与国际接轨，其设计理念体现了以人文本、最大限度地为旅客提供方便的思想。在建筑方案与建筑材料上选用新工艺、新技术和新材料，如应用 C60 高强混凝土材料，采用预应力大跨度钢屋架、大基坑降水等工程技术。

2008 年建成的 3 号航站楼是至 2019 年世界上最大的单体航站楼，由主楼和候机廊组成，配备了自动处理和高速传输的行李系统、快捷的旅客捷运系统等。其屋顶由 155 个"龙鳞"样式的天窗构成，是中国机场首次运用大规模自然采光的设计思想，可以有效地节约能源，充分体现了绿色机场的理念。

　　飞行区塔台的技术设备保障能力可满足高峰小时起降架次的需要，可实现同时对30处分散的导航和灯光设备进行自动控制和监视。机务维修区有供各类机种附件修理及定期校检的车间，有跨度72米、进深96.6米的大型飞机库，可满足一架翼展60米的飞机或两架较小类型的飞机更换发动机和更换尾翼等维修工作的需要。机场内的供电、供水、供热、供冷以及液化石油气、污水处理等均有完整系统。站坪采用地下加油点的加油方式，有可供60架大型飞机加油的业务油库，并由机场外储油库及时向场内输油。

北京大兴国际机场

　　中国大型国际枢纽机场，北京航空双枢纽之一，京津冀世界级机场群的核心枢纽。简称大兴机场。大兴机场位于永定河北岸，北京市大兴区榆垡镇、礼贤镇与河北省廊坊市广阳区之间。于 2014 年 12 月开工，2019 年 6 月 3 日竣工，2019 年 9 月 25 日投入运营。

大兴机场主要包括机场工程、空管工程、供油工程和航空公司基地工程等。其中机场工程包括 70 万平方米的航站楼、"三纵一横"全向构型布局的 4 条跑道以及相关配套设施。飞行区等级为 4F，可起降包括空客 A380、波音 B747 等大型机。

大兴机场是京津冀协同发展中交通先行、民航率先突破的标志性工程，地面交通由高铁、城铁、城市轨道、高速公路等多种交通形式组成，构建了高效便捷、辐射能力强大的"五纵两横"综合交通网络。与机场同步建设的轨道交通工程有京雄城际铁路、城际铁路联络线、北京市轨道交通大兴机

北京大兴国际机场内景

场线，规划预留北京市轨道交通 R4 线，以及北京、河北预留线。京雄城际铁路、轨道交通大兴机场线、轨道交通 R4 线、轨道交通预留线、城际铁路联络线等 5 种轨道交通线路南北集中穿越大兴机场航站楼，创新地采用航站楼与综合交通站场一体化设计，集约节约用地实现了"集中换乘、公交优先、立体接驳、无缝衔接"的交通格局。

大兴机场航站楼的主体采用了先进的结构体系，核心区屋盖钢结构采用空间网架结构体系，球形节点和杆件组成的巨大屋顶被设计成一个自由曲面，每一个杆件和球形节点的连接都被三维坐标锁定成唯一的位置。大兴机场航站楼屋顶是世界上跨度最大的钢结构体系，最大结构单元长度 516 米，最大跨度 180 米，悬挑长度 42 米。航站楼屋面核心区的投影面积相当于 25 个标准足球场大小，8 根 C 形柱支撑起 18 万平方米的核心区屋面（C 形柱是大兴机场航站楼建筑与结构一体化设计的核心亮点，由室外屋面连续下卷落地生根而成，因柱身截面形如字母"C"而得名），为旅客提供了大跨度的开敞空间。大兴机场创新地采用减隔震技术，大幅度提高了航站楼结构的抗震性能。航站楼核心区共设置 1152 个隔震支座，160 个黏滞阻尼器，航站楼地上结构通过隔震层与地下结构隔开，隔震层面积达 18 万平方米，是全球最大的单体减隔震建筑。

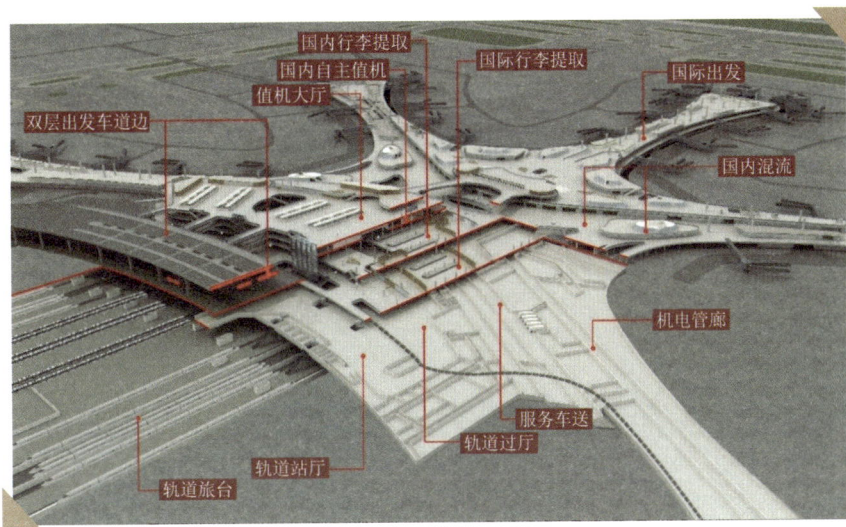

国内行李提取
国内自主值机
值机大厅
双层出发车道边
国际行李提取
国际出发
国内混流
机电管廊
服务车送
轨道过厅
轨道站厅
轨道旅台

北京大兴国际机场功能分区示意图

北京大兴国际机场外观

上海浦东国际机场

中国首个拥有 4 条跑道的机场。上海重要的综合性枢纽机场之一。一期工程于 1999 年 9 月底建成，后又于 2008 年北京

上海浦东国际机场

奥运会前进行扩建。位于中国上海市浦东新区的滨海地带，距上海市中心距离约 32 千米。

　　场区南北长约 8 千米，东西平均宽约 4 千米，规划占地面积 32 平方千米。机场规划充分利用东侧海滩，促淤造地近 18 平方千米，将机场东移 700 平方米，节省大量耕地，减少了飞机噪声对周边地区的影响和净空限制。机场从规划设计到工程实施，始终贯彻可持续发展的原则，特别在机场选址对鸟类生存环境影响问题上，提出实施"驱引结合"的生态工程。机场飞行区建设在各类沟浜、暗浜纵横交错的软弱不均匀的复杂地基上，地基处理采用了强夯浅层的处理方式。

中国香港国际机场

　　位于距香港市中心 25 千米的新界大屿山赤角，总占地面积 15.5 平方千米。机场用地的填筑工程于 1992 年 12 月开始，并在 1994 年平整出了供机场初期工程使用的土地，初期工程于 1998 年 7 月投入运营。机场建有南、北两条平行跑道，均长 3800 米，宽 60 米，为沥青跑道。北跑道配以Ⅲ类仪表着陆系统，一般用于客机降落；南跑道配以Ⅱ类仪表着陆系统，一般用于客机起飞与货机起降。2015 年，香港机场接待旅客 6848.8 万人次，起降飞机 40.6 万架次，货运量 438 万吨。

香港国际机场 1 号航站楼在外形上如同一架机身修长、尾翼后掠的滑翔机，象征着飞翔与航空业。其屋顶呈波浪状，屋顶高度从中间向边缘递减，一直向下延伸至长形客运廊。屋顶由多个拱形屋顶拼装而成，每个屋顶的屋面用弓形钢结构桁架撑起，底下由两根铅笔形的立柱支撑。航站楼外墙为玻璃墙，由 1 万块特种强化玻璃构成，保证了航站楼的采光。航站楼的主楼两侧和西侧分别是 1 号航站楼的翼形客运廊与 Y 形客运廊，客运廊外侧共分布着 49 个登机廊桥。主航站楼共 4 层，地下 1 层，地上 3 层。地下层运行旅客捷运系统，与 Y 形客运廊较远端和中场客运廊相连。地上一层为技术层，设有行李分检、动力设备和管理部门。地上二层为到达层，客运廊到达层通过自动步道与地下列车和到达大厅相连，大厅中排列着 12 个行李认领转盘。地上三层为出发层，大厅内平行排列着 9 个值机区用以办理登机手续。1 号航站楼北侧还有一个北卫星客运廊，设有 10 个供窄体飞机停靠的廊桥，通过接驳巴士与 1 号航站楼相连。

　　2号航站楼在1号航站楼东侧，紧靠1号航站楼，只有出发区且没有专用登机廊桥和停机坪。航站楼五层为出发层，设有3个值机柜台区供旅客办理登机手续。旅客办理手续后从另一端进入三层，通过安检和海关后，便可去搭乘捷运系统，前往1号航站楼东大堂登机。航站楼六层为商业区，包括商店、餐厅、电影院、机场展望台等。此外，1号航站楼西侧还有一个中场客运廊，高5层，共设有19个登机廊桥。

　　香港国际机场的旅客捷运系统是香港首个无人驾驶捷运系统及胶轮轨道系统。整个捷运系统分布于几个航站楼的地下，共有两条线。第一条线连接1号航站楼东、西两个大厅，向西延伸至中场客运廊，负责接送来往于三个航站大厅之间的旅客。第二条线连接1号航站楼、2号航站楼和海天客运

码头，使得两个航站楼的旅客可以直达海天码头。旅客可以
通过地铁、快艇、跨海大桥等多种方式出入香港机场。另外，
旅客可以在港铁香港站或九龙站办理登机手续，同时寄存行
李并领取登机牌。

法兰克福国际机场

德国最主要的国际国内航空枢纽。机场位于德国法兰克
福市西南 9 千米处。建于 1934 年，曾在第二次世界大战中被
摧毁，1946 年 8 月经重建后投入使用。

法兰克福国际机场
有两座旅客候机楼。1 号
候机楼主要由德国汉莎
航空公司和其他国内航
空公司使用，达到年旅
客吞吐量 3000 万人次

法兰克福国际机场

的设计能力；2号候机楼是国际候机楼，设计能力为年旅客吞吐量1200万人次。有4条跑道，每小时可以起降88架飞机。机场由法兰克福机场公司管理经营。有1.36万平方米的购物区，有约130家商店，其中包括26家免税和旅游用品商店，约50家饭店、酒吧和咖啡厅，是购物和美食的好去处。机场计划建设3号航站楼并把购物区扩大到2万平方米。2019年完成旅客吞吐量7056万人次，居世界机场排名第15位；货邮吞吐量3187万吨。

伦敦希斯罗国际机场

欧洲最大的枢纽机场，也是世界上最繁忙的机场之一。位于英国伦敦市中心以西24千米处、希灵登区南端。

占地约12平方千米，拥有5个航站楼（1号航站楼已关闭）及一座货运大楼。机场年旅客吞吐量7498万人次，年起降飞机47.4万架次（2015年）。单条跑道高峰期每小时可起降飞机43架次（2013年7月），是国际民航组织运行的最高水准。希斯罗机场飞行区曾建有3组平行跑道，但由于航空运量的增加以及大型飞机的使用，航站区不断扩建，以致现在只有两条跑道可供使用。两条跑道间隔1500米，呈东西向平行布设，长度分别为3902米和3658米，均采用沥青道面结构。

希斯罗国际机场前身是一个民间的飞行试验场地，在第二次世界大战时被辟为军用机场，1945年，第一条跑道完工并于同年正式通航，次年转为民航机场。20世纪50年代以来，随着航空客、货运需求特别是国际客、货运需求的不断增长，希斯罗国际机场逐步发展成为欧洲乃至世界上国际业务最繁忙的机场之一。现有的航站区位于机场的中心地带，处于两条跑道之间。

洛杉矶国际机场

美国西部航空运输枢纽。位于加利福尼亚州的西海岸，是仅次于亚特兰大国际机场和芝加哥奥黑尔国际机场之后的美国第三繁忙机场。

洛杉矶国际机场俯瞰

　　始建于 1928 年，时名迈恩斯机场，是一个通用航空机场。第二次世界大战时被用于军用飞机起降。1946 年开始商业航空服务。占地 13.86 平方千米。有 4 条平行跑道。1996 年开始使用的新 FAA（美国联邦航空局）空中交通指挥塔，其高度为 227 英尺（69 米），设备先进。机场有 9 座旅客候机楼，总面积 35.6 万平方米，共有 140 多个登机口。其中 6 座候机楼用于国内航班，3 座用于国际航班。9 座候机楼由 U 字形的双层公路连接。货运大楼货物处理区的面积为 18.6 万平方米。2019 年旅客吞吐量 8807 万人次，位居世界机场第 3 位；货邮吞吐量 231 万吨，美国排名第 4 位。

纽约国际机场

　　美国重要航空运输枢纽。由肯尼迪国际机场、纽瓦克国际机场和拉瓜迪亚机场组成纽约机场集团。这 3 个机场从 20 世纪 40 年代后期开始由纽约／新泽西港务局依照与纽约市政府的合同进行管理和经营。

肯尼迪国际机场位于纽约市昆斯区西南、曼哈顿东南 24 千米处的加麦克湾。始建于 1942 年，1948 年通航。肯尼迪总统遇刺后，于 1963 年 12 月改名为 J.F. 肯尼迪国际机场。占地 19.95 平方千米，有 4 条主跑道和一条供通用、公务飞机使用的跑道。机场的中心候机区由 6 座旅客候机楼组成。2019 年机场旅客吞吐量 6255 万人次，位居世界机场旅客吞吐量排名第 21 位；货邮吞吐量 143 万吨。

纽瓦克国际机场占地 8.2 平方千米，离曼哈顿 26 千米。有 3 条跑道和 3 座候机大楼。2019 年旅客吞吐量排名世界机场第 43 位，为 4634 万人次。

纽约肯尼迪国际机场

拉瓜迪亚机场位于纽约昆斯，处在弗拉兴湾和鲍厄里湾交界处，离曼哈顿 13 千米。占地 2.75 平方千米，有 2 条跑道，5 座候机大楼。

亚特兰大国际机场

美国东南部的重要机场。1923 年，W.B.哈茨菲尔德当选为亚特兰大市市长。在他的主张下，把黑普维尔郊外的赛车场改为了亚特兰大市的第一个固定飞机起降场，即亚特兰大哈茨菲尔德国际机场。后来，哈茨菲尔德任该市航空委员会主席，使该机场逐步发展成为美国最大的航空枢纽。机场位于美国佐治亚州首府亚特兰大市以南约 11 千米处。

美国约 80% 的居民到亚特兰大的飞行时间在 2 小时之内。美国第三大航空公司三角航空公司的主基地就设在这里。机场有南、北 2 座候机大楼和 6 个指廊。候机楼内设有快速火车站。新旅客候机楼于 2010 年建成投产。有 5 条跑道。亚

亚特兰大国际机场鸟瞰

特兰大机场特殊的地理位置使其成为一个以中转为导向的机场，转乘旅客比例超过 50%，这也是造成其旅客量巨大的原因。2019 年，机场旅客吞吐量 11053 万人次，居世界机场排名第 1 位；货邮吞吐量为 64 万吨。

巴黎国际机场

一般指巴黎戴高乐国际机场。是法国最大的航空枢纽。戴高乐国际机场在1974年开始启用，位于巴黎东北面约25千米处。

占地32平方千米。公共汽车、地铁、穿梭汽车等公共交通工具来往于城市和机场。机场有3座综合候机楼。一号楼是圆形设计；二号楼为积木化设计，内有5个候机厅，设计能力为年旅客流量3000万人次；三号楼称作T9，主要用于包机航班。机场有2条主跑道和3条次跑道。2019年戴高乐国际机场旅客吞吐量为7615万人次，居世界机场旅客量排名第8位；货邮吞吐量193万吨。

成田国际机场

　　日本重要的国际机场。又称新东京国际机场。位于东京东面千叶县成田市，距东京市 65 千米。1966 年经日本内阁会议批准建设，几经周折，于 1978 年 5 月 20 日通航使用。

　　机场设计总面积为 10.65 平方千米，第一期工程占地 5.5 平方千米。有 1 条 4000 米长、60 米宽的跑道。从 2002 年 4 月开始，1 条 2180 米长、60 米宽的平行跑道开始投入使用。

　　机场有 3 座候机楼。第一候机楼供 14 家航空公司的航班使用，主要是美国、欧洲的航空公司以及国泰航空公司、大韩航空公司和新加坡航空公司，原设计能力为年旅客吞吐量 1300 万人次，实际年旅客吞吐量达到了 2200 万人次。第二候机楼服务于 28 家航空公司，主要是日本和亚洲的航空公司，以及少数的美国和欧洲航空公司，设计能力为年旅客吞吐量 1100 万人次。2015 年 4 月，第三候机楼启用。机场与

成田国际机场停机坪及跑道

东京之间的交通发达，有 4 条铁路线以及公共汽车线。2019
年机场旅客吞吐量 4434 万人次，位居世界机场排名第 50 位；
货邮吞吐量 204 万吨。

关西国际机场

日本第二大国际国内机场。位于大阪市西南 50 千米处，
由人工填海造地修建，是世界上第一个真正的海上机场。

　　1968 年日本运输省开始对关西机场 8 个候选场址进行研究，1976 年研究集中到填海造地方案上。1984 年日本内阁批准了关西国际机场的建设计划，并由国家、地方政府和私有公司投资成立了关西国际机场公司，负责建设和经营关西国际机场。1987 年正式开始建设。原计划投资 77 亿美元，最后耗资 110 亿美元。

　　1994 年 9 月 22 日，关西国际机场正式开航使用。机场坐落于大阪湾，离岸 5 千米，一期工程面积为 5.1 平方千米，是一个 24 小时昼夜开放的机场岛，有一条 3500 米长的机场跑道。二期工程于 1996 年开始，通过填海工程将人工岛面积扩大到了 13 平方千米。机场的第二条跑道于 2007 年建成，长 4000 米，为沥青混凝土跑道，原有的第一条跑道作为副跑

关西国际机场

127

道。机场岛和大阪市由一条 4 千米长的双层、六车道高速路和铁路桁架桥连接，因此从机场岛到陆地可以使用火车、汽车和轮船 3 种交通工具。在候机楼设有火车站，乘火车 29 分钟可到达大阪市。2019 年机场旅客吞吐量 3191 万人次，排名日本机场第 3 位；货邮吞吐量 77 万吨，在日本机场排名第 3 位。